AF481000

Nudo

赤裸

Italiano-Cinese semplificato tradizionale

Libro illustrato bilingue per bambini

Richard Carlson

Suzanne Carlson

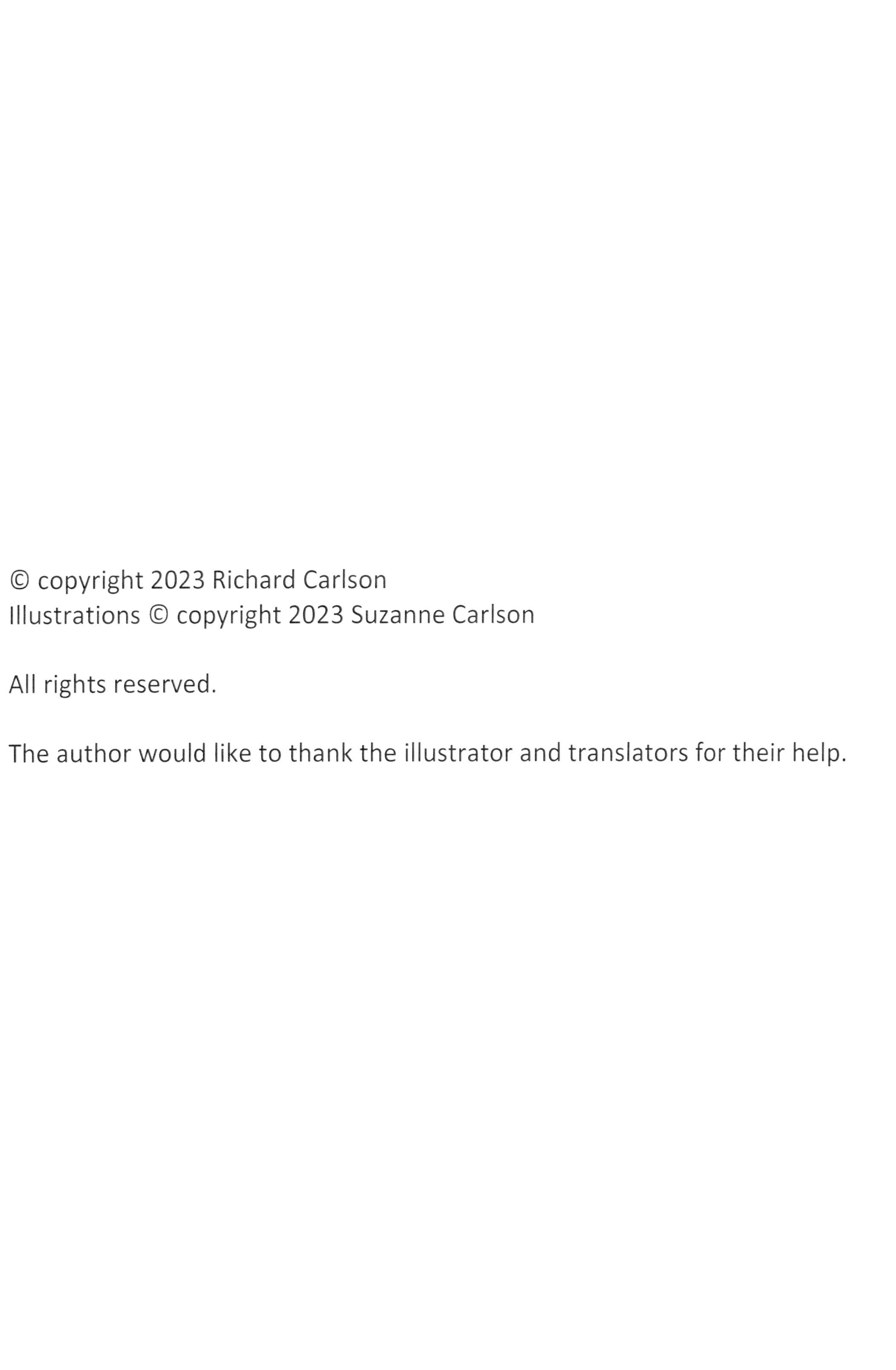

© copyright 2023 Richard Carlson
Illustrations © copyright 2023 Suzanne Carlson

All rights reserved.

The author would like to thank the illustrator and translators for their help.

I miei due fratelli minori, Michael e Steven, ed io stavamo lottando in un'enorme, densa e profonda pozzanghera di fango nel nostro cortile. Poi, è arrivata l'ora di cena.

La mamma è entrata nel cortile sul retro e ha detto: "Spogliatevi che vi lavo".

我跟我的两个弟弟，迈克尔和斯蒂文，一起在后院的一个又大、又厚、又深的泥潭里摔跤。然后，到了晚餐时间。

妈妈走进后院，说道，"**把你**们的衣服脱下来，我给你们冲冲身子"。

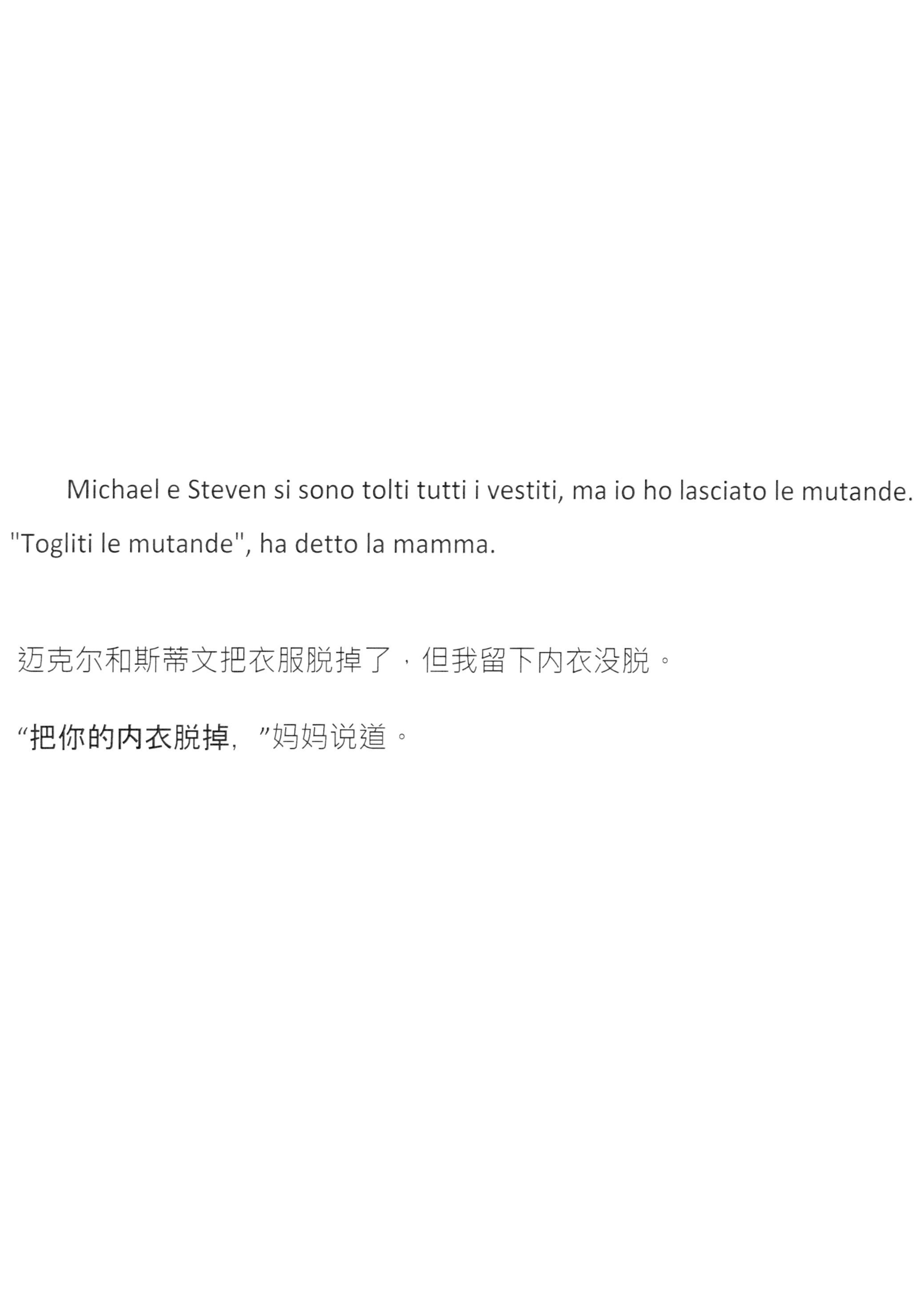

Michael e Steven si sono tolti tutti i vestiti, ma io ho lasciato le mutande.
"Togliti le mutande", ha detto la mamma.

迈克尔和斯蒂文把衣服脱掉了，但我留下内衣没脱。

“把你的内衣脱掉，”妈妈说道。

Mi è venuto un nodo in gola. Sarah, una ragazza della mia età, abitava nella casa accanto.

Sarebbe stato già abbastanza brutto per una ragazza vedermi in mutande, figuriamoci vedermi nudo. Sentivo il cuore che mi batteva in gola.

我的心沉了下来。莎拉，一个和我年龄相仿的女孩，就住在隔壁。

让一个女孩看到我只穿着内衣，就已经就很糟糕了，更不要说看到我全身赤裸了。 我感到心都跳到嗓子眼了。

"Non voglio", risposi, accigliato e indicando la casa accanto alla nostra. "Sarah potrebbe vedermi nudo".

“我不想脱，”我回答说，皱着眉头，指向隔壁的房子。“莎拉可能会看到我赤身裸体的样子。”

"Va bene, puoi lasciartele addosso", ha risposto la mamma con un grande sorriso. Ho sentito il mio stomaco nervoso e tremante tornare alla normalità.

"好吧，你可以不脱。"妈妈笑着回道。我感到，我那紧张、颤抖的心终于恢复正常了。

La mamma mi ha spruzzato per lavarmi, poi abbiamo salito le scale fino al pianerottolo e siamo entrati attraverso la porta scorrevole.

妈妈将我冲洗干净，然后我们沿楼梯走上平台，通过移门进入房间

Dentro, mi sono sentito al sicuro, allora mi sono tolto le mutande. I miei fratelli ed io andammo velocemente, nudi, nelle nostre camere da letto e ci vestimmo di fresco.

Sono così felice di aver detto alla mamma come mi sentivo!

在房间里，我感到很安全，所以我把内衣脱了。我的两个弟弟和我赤裸着急忙跑进了卧室，换上了干净的衣服。

真高兴我告诉了妈妈我的想法！

Informazioni sul libro: Richard è un ragazzo molto timido, sensibile e fantasioso. Non c'è niente di più imbarazzante per lui di essere visto nudo da una ragazza. La mamma capirà la sua situazione e lo aiuterà a uscire dalla situazione scomoda in cui si trova? Basato su una storia vera accaduta a Stormville, nello stato di New York, USA, intorno al 1979.

L'autore: Richard Carlson Jr. è un autore di libri bilingui per bambini. www.richardcarlson.com

L'illustratrice: Suzanne Carlson, artista dotata di un talento poliedrico, si diverte a creare un'ampia gamma di progetti. www.suzannecarlson.com

www.ingramcontent.com/pod-product-compliance
Lightning Source LLC
Chambersburg PA
CBRC100837110726
48006CB00009B/1423

9 798869 066640